AF497375

LES
AVENTURES MERVEILLEUSES
DES
CHEVALIERS SANS-PEUR

Par Adrien LINDEN.

ÉPINAL,

TYPOGRAPHIE ET LITHOGRAPHIE DE PELLERIN ET Cie, ÉDITEURS.

AVENTURES MERVEILLEUSES

DE CINQ CHEVALIERS.

Il était autrefois un roi et une reine qui n'avaient qu'un seul enfant, et c'était une fille, mais une fille plus belle que le jour et meilleure que du gâteau. Suivant l'usage, les fées l'avaient dotée à sa naissance, de toutes les perfections imaginables; elles lui avaient donné en partage: la beauté, la grâce, l'aménité, l'esprit et même du bon sens. Cette dernière qualité se rencontre rarement chez les femmes et pas souvent chez les hommes. La princesse Eglantine, ainsi se nommait-elle, était donc la jeune fille la plus accomplie du royaume, comme elle en était la plus noble et la plus riche.

Lorsqu'elle eut atteint sa quinzième année, tous les fils de rois la demandèrent en mariage. Le père d'Eglantine ne voulant pas la marier si jeune, ajourna les prétendants à l'année suivante.

Sur ces entrefaites, le roi étant à la chasse, fut déchiré par un sanglier et mourut des suites de ses blessures. Ce fut un deuil général dans le royaume, car il était bon prince. La joie fit bientôt place à la tristesse, car Eglantine, unique héritière de son père, monta sur le trône. Aussitôt qu'Eglantine fut proclamée reine, les fils de rois qui prétendaient à sa main envoyèrent de nouveaux ambassadeurs. Les ministres pressaient la jeune reine de se choisir un époux parmi tant d'illustres princes. Eglantine répondit qu'ayant besoin de l'alliance des rois ses voisins, elle ne pourrait en favoriser un sans mécontenter les autres, et que pour tout concilier, elle voulait prendre un de ses compatriotes pour mari. La jeune reine fit assembler tous les jeunes seigneurs

de sa cour, et leur dit : « celui d'entre vous qui aura accompli l'action la plus méritoire d'ici à la fin de l'année, sera mon époux. »

En entendant ces paroles, tous les seigneurs éclatèrent en transports d'allégresse ; chacun se flattait de mériter le cœur et la couronne de la belle Eglantine ; espérance vaine pour le plus grand nombre, mais très-fondée pour cinq gentilshommes surnommés les chevaliers Sans-Peur, les plus braves et les plus nobles guerriers du royaume. Les cinq gentilshommes, malgré leur rivalité, ne pouvaient combattre les uns contre les autres, car ils étaient frères d'armes, et s'étaient juré une amitié éternelle. Ils allèrent à la conquête d'aventures glorieuses, chacun d'un côté différent. Le premier, qui s'appelait Angenor, se rendit à la cour de Flandre où se donnait un grand tournoi. Angenor défia le plus fameux combattant du pays. Les deux champions entrèrent dans l'arène, et fondirent l'un sur l'autre avec une impétuosité qui

jeta l'effroi et l'admiration dans l'âme des spectateurs. Trois fois ils rompirent leurs lances sans pouvoir se renverser. A la quatrième rencontre, le guerrier flamand attaqua son adversaire en lançant son cheval au triple galop. Angenor vint à sa rencontre au petit trot, et reçut le coup de son ennemi sur le plan incliné de son bouclier, ce qui fit dévier le coup et précipita l'agresseur sur la lance d'Angenor. Le choc fut terrible: la cuirasse du chevalier flamand vola en mille pièces, et lui-même roula sanglant dans l'arène. Une blessure mortelle lui sillonnait la poitrine; le vaincu fut emporté loin du combat, on le déposa au pied d'un arbre et on lui prodigua tous les secours que réclamait sa position, tandis qu'Angenor recevait la palme triomphale, des mains de la Duchesse de Flandre. Angenor revint dans son pays déposer aux pieds de la belle Eglantine le trophée de sa victoire.

Pendant qu'Angenor se couvrait de gloire, le second frère d'armes, nommé

Arnold, défiait en combat singulier un cruel baron qui retenait captive une gente pastourelle dans un château fort. Les deux adversaires se rencontrèrent aux pieds des remparts du Donjon, et une lutte terrible s'engagea. Le baron possédait une force athlétique; Arnold avait pour lui l'adresse et l'agilité. Le combat fut longtemps indécis. Arnold bouillant de colère jeta son bouclier, et, saisissant son épée des deux mains, en asséna un coup si formidable à son adversaire, qu'il lui fendit la tête jusqu'aux épaules, malgré l'épaisseur du casque qui le protégeait. Le vainqueur courut délivrer la gente pastourelle de sa triste prison, et lui rendit la liberté. La prisonnière remercia son libérateur, et lui raconta son histoire en ces mots souvent interrompus par des larmes:

« Je suis, dit-elle, l'épouse du roi de Sicile; le traître que vous venez de punir était l'ami et le ministre de mon mari; profitant de la puissance que lui donnait sa position, ce chevalier félon me fit enlever par ses émissaires et conduire

dans cette tour où je gémis depuis deux ans. Vous avez délivré la terre d'un monstre, illustre guerrier, achevez votre œuvre en me ramenant auprès de mon mari. » Arnold souscrivit avec empressement au désir de cette infortunée, et bientôt il eut le bonheur de voir les deux époux réunis. Le roi de Sicile voulut donner au chevalier le titre et la fortune du ministre criminel. Arnold, pour toute récompense, sollicita l'honneur de baiser la main de la reine ; cette faveur lui fut accordée devant la cour tout entière qui acclama le chevalier. Arnold rejoignit le royaume d'Eglantine, et lui raconta avec modestie ce qu'on vient de lire.

Othon, le troisième frère d'armes, avait offert ses services au roi de Grenade qu'une sédition avait renversé de son trône. Le chevalier nommé général en chef de l'armée royale, combattit les rebelles avec succès et les vainquit dans plusieurs rencontres successives. Le roi de Grenade voulant le seconder, tomba

dans un parti de révoltés sans autre défense que son épée; c'en était fait de ses jours, si Othon, prompt comme l'éclair, ne se fût précipité à son secours. La vue seule du chevalier suffit pour arrêter les combattants qui se rendirent à discrétion; le reste des rebelles se dispersa, abandonnant le champ de bataille. Le roi, suivant le conseil d'Othon, accorda grâce pleine et entière à tous les insurgés qui rentreraient dans le devoir; cette sage mesure rendit au roi l'amour de ses sujets, et la révolte s'appaisa presque aussitôt.

Le roi de Grenade, monté sur un superbe palefroi et couvert de ses armes les plus éclatantes, revint dans sa capitale. Othon, à la tête de l'armée, le suivait; un peuple immense salua de ses acclamations le souverain et le chevalier. — Les cloches tintaient, les drapeaux flottaient sur tous les édifices, les fleurs jonchaient le sol, et les cris de joie retentissaient sur tous les points de la ville. — Le roi de Grenade rentra dans son palais qu'il n'aurait peut être jamais revu

sans le secours d'Othon. — Le monarque, par reconnaissance, et pour s'attacher le chevalier, voulut lui donner le gouvernement d'une province; celui-ci qui combattait pour la gloire, refusa toute espèce de récompenses. Il quitta le roi de Grenade, et s'en fut à la cour de la belle Eglantine pour lui raconter ses prouesses.

Le quatrième frères d'armes, appelé Alceste, parcourut différents pays sans rencontrer l'occasion de signaler son courage. Il trouva bien ça et là des torts à redresser, des in ustices à punir, mais aucun adversaire digne de ses coups. Il arriva à Florence, au moment où les florentins, lassés de l'insolence de l'aristocratie qui les opprimait, se faisaient justice en massacrant tous les nobles devenus des tyrans. Alceste ne tira pas l'épée en faveur des seigneurs qui s'étaient déshonorés en abusant de leur puissance pour maltraiter les faibles et les pauvres, mais il ne put supporter la vue de ces sanglantes représailles; il s'éloigna de la ville et s'assit tristement sur la lisière d'une forêt. Un quart

d'heure à peine s'était écoulé, lorsque des cris de détresse et des gémissements frappèrent son oreille.

Alceste mit l'épée à la main et se dirigea vers l'endroit d'où partaient les cris. Il vit une dame, richement habillée, attachée à un arbre et entourée de soldats qui la maltraitaient: le chevalier bondit comme un lion sur ces misérables; du tranchant et de la pointe de son arme, il abattit à ses pieds deux de ces criminels; les autres prirent la fuite. Alceste délivra la jeune dame, et lui demanda dans quel lieu elle désirait se rendre. Hélas! répondit-elle, j'ai vu mon époux assassiné sous mes yeux; j'ai voulu me jeter sur le poignard des meurtriers, mais ces misérables infâmes, au lieu de me frapper, m'ont conduite jusqu'ici; sans votre courage, chevalier, je n'existerais plus maintenant. Illustre guerrier, conduisez-moi dans un monastère; c'est là que je veux finir mes jours. Alceste se rendit au désir de cette infortunée et revint à la cour d'Eglantine.

C'était au cinquième chevalier qu'étaient réservées les aventures les plus extraordinaires. Ce chevalier, nommé Raoul, dirigea ses pas vers l'Allemagne, et fit alliance avec plusieurs puissants seigneurs qui lui signalèrent la demeure d'un célèbre magicien affligeant le pays par ses sortilèges. Raoul jura de mettre un terme aux machinations de l'enchanteur, à la première occasion. Cette occasion ne se fit point attendre. Un jour, notre chevalier qui avait reçu l'hospitalité dans le château de la belle Rosalinde, se promenait dans le parc avec son hôtesse; le frère et l'époux de cette dernière les accompagnaient. Le chevalier racontait son histoire, lorsque tout à coup, l'air s'obscurcit, et prompt comme la foudre, l'enchanteur monté sur un cheval ailé, fondit sur la belle châtelaine et l'enleva avec tant de rapidité que ses compagnons n'eurent pas le temps de porter la main à la garde de leur épée.

Le mari et le frère de Rosalinde poussèrent des cris de rage et s'armèrent

aussitôt; sans perdre une minute, ils coururent vers la demeure du magicien. Raoul les suivit : celui-ci proposa à ses amis un plan d'attaque fort sage qui devait les mettre à l'abri des piéges du nécromancien. Ils ne voulurent rien entendre, et franchirent le château maudit. Ils se trouvèrent en face du sorcier : « Traître, rends-nous Rosalinde, s'écrièrent-ils en se précipitant sur lui. » Celui-ci, sans s'émouvoir, étendit sa baguette magique : au même instant, la tête des imprudents se changea, l'une en tête de porc et l'autre en tête de chien. « Allez dans le jardin, s'écria l'enchanteur en s'adressant à ses victimes, vous y trouverez tous les insensés qui ont osé braver ma puissance. »

Pendant que ces infortunés couraient à leur perte, Raoul sachant que ce n'est pas seulement par les armes qu'il faut combattre les enchantements, adressait une fervente prière au ciel. Suivant l'usage, il avait planté son épée en terre, ce qui, dans cette position, lui donnait la forme d'une croix, et s'était agenouillé

devant elle. Le chevalier avait à peine prononcé le nom divin, qu'un petit oiseau vint se poser sur la poignée de l'épée en chantant : pique, pique, pique ; qui parle est pris ; qui parle est pris ; pique, pique, pique. Le chevalier comprit le sens mystérieux de ces paroles ; il se releva, saisit ses armes, et frappa à la porte du château enchanté. Cette porte s'ouvrit d'elle-même : le chevalier entra et se trouva en présence d'un horrible dragon à triple tête qui ouvrit ses trois gueules pour le dévorer. D'autres dragons ailés voltigeaient autour de son casque, et l'infectaient de leur haleine empoisonnée.

Raoul, avec la pointe de son épée, piqua l'affreux cerbère qui disparut à l'instant. Poursuivant sa route, il vit accourir à sa rencontre une jeune fille belle à ravir qui lui demanda son nom. Le chevalier ne répondit pas, et piqua la questionneuse à l'épaule ; elle s'éclipsa comme le dragon. Raoul arriva dans un jardin où se trouvaient plusieurs centaines de chevaliers ayant tous des têtes

d'animaux. Aussitôt que le chevalier mit le pied sur le seuil du palais enchanté, un bruit formidable retentit, et le magicien parut sous la forme d'un effroyable géant! « Que viens-tu faire ici, malheureux, s'écria le sorcier? » Le chevalier, au lieu de répondre, se précipita sur le géant et le piqua. L'enchanteur tomba comme une masse sur le sol; Raoul lui enfonça à plusieurs reprises son poignard dans la gorge.

Aussitôt que l'enchanteur eut rendu le dernier soupir, le château disparut et les oiseaux chantèrent. Tous les jeunes seigneurs métamorphosés en bêtes reprirent leurs formes naturelles; la belle Rosalinde accompagnée de son frère et de son époux, vint répandre des larmes de reconnaissance sur la main du brave chevalier. Les jeunes seigneurs embrassèrent Raoul, et lui jurèrent une amitié éternelle. Les habitants du pays vinrent en foule remercier et bénir leur libérateur. Raoul pour se soustraire à ces démonstrations qui blessaient sa

modestie, quitta l'Allemagne et revint dans son pays où il trouva ses frères d'armes. Les cinq vaillants chevaliers, pour fêter leur heureux retour, se réunirent dans une salle de festin et se racontèrent mutuellement leurs aventures. Raoul n'eut pas besoin de raconter les siennes, le bruit de ses exploits l'ayant précédé à la cour.

Angenor, Arnold, Othon et Alceste ayant reconnu que leur ami Raoul les avaient surpassés, se présentèrent devant la belle Eglantine leur aimable souveraine, et se déclarèrent vaincus par Raoul. La reine, qu'un secret penchant attirait vers celui-ci, rougit beaucoup en entendant ces paroles ; elle assembla ses ministres et sa cour. Les quatre frères d'armes renouvelèrent leurs déclarations, et Raoul fut proclamé l'heureux époux de la reine. Raoul, en quittant ses amis, s'était rendu dans sa famille; il ignorait ce qui se passait à la cour pendant son absence. Aussi, fut-il grandement surpris lorsqu'il vit

des chevaliers, des seigneurs, des pages, des hérauts d'armes, des hallebardiers venir vers lui en foule, en criant : Noël ! Noël ! vive notre seigneur et maître, Raoul ! Noël ! Noël !

Raoul apprit alors qu'il était l'époux choisi de la reine. Dire quelle fut son ivresse, serait impossible ; il vaut mieux n'en pas parler. Le mariage se fit avec magnificence ; les fêtes et les festins se succédèrent presque sans interruption pendant quinze jours. Tout le peuple fut en liesse ; il ne mangea que des tartes et des gâteaux et ne but que du vin et du sirop. De mémoire d'hommes, on n'avait vu de pareilles noces ; il est même probable qu'on n'en verra jamais plus de semblables, la mode en étant passée. Le mari et la reine firent épouser aux quatre chevaliers des princesses riches et belles, et ils vécurent tous longtemps et heureux.